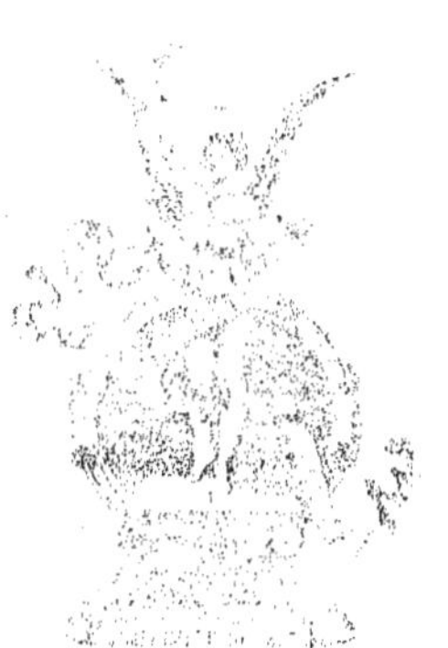

CATALOGUE

D'UN

MOBILIER ARTISTIQUE

DE DIFFÉRENTS STYLES

Garnissant l'Hôtel de Madame Angelo R.

Belles Tentures
Piano demi-queue d'ÉRARD — Orgue d'ALEXANDRE — Billard
Bronzes d'art — Sculptures
Porcelaines de Saxe et de Chine — Faïences

TABLEAUX & AQUARELLES MODERNES

ET DE L'ÉCOLE FRANÇAISE DU XVIIIe SIÈCLE

Tapis — Literie
Vaisselle — Verrerie — Chambres de domestiques

DONT LA VENTE AURA LIEU

96, RUE DU RANELAGH, 96

A PASSY

Les Lundi 24, Mardi 25 et Mercredi 26 Octobre 1887

à une heure et demie.

Me LÉMON	**M. B. LASQUIN**
COMMISSAIRE-PRISEUR	EXPERT
3, rue Rossini, 3	12, rue Laffitte, 12

Chez lesquels se trouve le présent Catalogue.

EXPOSITIONS

PARTICULIÈRE	PUBLIQUE
Le Vendredi 21 Octobre 1887	*Le Samedi 22 Octobre 1887*

DE UNE HEURE A QUATRE HEURES

CONDITIONS DE LA VENTE

Elle sera faite au comptant.

Les acquéreurs payeront en sus des enchères *cinq pour cent*, applicables aux frais.

L'exposition mettant le public à même de se rendre compte de l'état des objets, il ne sera admis aucune réclamation une fois l'adjudication prononcée.

ORDRE DES VACATIONS

Le Lundi 24 Octobre 1887.

Faïences, porcelaines de Saxe et de Chine.
Bronzes d'art et sculptures.
Ameublement du rez-de-chaussée.

Le Mardi 24 Octobre 1887.

Bronzes d'ameublement.
Tableaux anciens et modernes.
Ameublement du premier et du deuxième étage.

Le Mercredi 25 Octobre 1887.

Continuation de la vente.

Paris. — Imp. de l'Art. E. Ménard et J. Augry
41, rue de la Victoire, 41.

DÉSIGNATION DES OBJETS

REZ-DE-CHAUSSÉE

ANTICHAMBRE

1 — Meuble d'antichambre avec banquette surmontée d'une glace, et porte-chapeaux à têtes de dauphins, en bois sculpté de style gothique, à fleurons ogives et draperies.

2 — Petite table de style gothique avec traverse d'entrejambes sculptée à ogives ajourées.

3 — Deux chaises de style Renaissance.

4 — Décor de baie et de portière en velours de lin bleu molletonné, doublé d'étoffe de fantaisie vieux rouge, les rideaux relevés à l'italienne, avec câblés, et surmontés d'un lambrequin dentelé en tapisserie genre Louis XIV.

5 — Tapis en moquette rouge.

6 — Tapis, chemin de l'escalier.

7 — Lanterne de style gothique de forme carrée, en fer ouvragé (éclairage au gaz).

8 — Jardinière en émail cloisonné de Chine.

9 — Deux vases cylindriques en porcelaine moderne du Japon.

10 — Deux grands plats en faïence française.

11 — Plat en cuivre.

SALON

12 — Décoration de deux croisées en soie bleu clair brochée à fleurs, composée de quatre rideaux molletonnés doublés de serge de soie vieil or, agrémentés de franges, relevés sur rinceaux en bronze avec embrasses, et surmontés de draperies en velours antique, plus une tablette de cheminée.

13 — Deux stores duchesse en natte crème, ornés de franges de soie, et deux rideaux de vitrage avec impostes en canevas.

14 — Décor d'une baie composée de deux rideaux analogues à ceux des fenêtres, doublés de serge de soie brique, relevés par des embrasses et surmontés de draperies en velours rejetées sur un bandeau orné de broderies.

15 — Deux portières formées de doubles rideaux relevés à l'antique, en soie fond cuivre brochée, doublés de serge de soie vieil or et agrémentés de franges.

16 — Piano demi-queue d'Érard, en palissandre (n° 61181).

17 — Parement de piano en satin brodé, velours et soie, bordé d'une frange.

18 — Tabouret de piano de style Louis XVI, en palissandre sculpté, garni de satin rose.

19 — Petit ameublement de style Louis XV, en noyer sculpté, recouvert de lampas fleuri fond bleu, comprenant : un petit canapé, deux fauteuils et deux chaises.

20 — Marquise capitonnée recouverte de même étoffe.

21 — Fauteuil de fantaisie couvert en satin rose broché à fleurettes.

22 — Table genre Louis XV en noyer sculpté avec entrejambes ; le dessus garni de velours avec bordure gaufrée.

23 — Paravent de fantaisie à trois feuilles, de forme contournée, gainé en velours antique ;

le haut à glace et les panneaux du bas en broderie chinoise.

24 — Tapis en moquette rouge couvrant le salon et la salle de billard.

25 — Tapis d'Orient et carpettes persanes.

SALLE DE BILLARD

26 — Billard de Rivoire en noyer ciré, avec porte-queues et jeu de billes en ivoire.

27 — Deux banquettes de billard en noyer ciré, avec petits bancs développés, couvertes en velours de lin rouge soutaché de galons vieil or à jour et de crêtes assorties.

28 — Banquette semblable aux précédentes mais plus longue.

29 — Suspension de billard en cuivre. Genre Louis XIV.

30 — Table à jouer en marqueterie ornée de cuivre.

31 — Table de style Louis XVI en ébène, ornée de bronzes, et dessus marqueté à damier en bois et ivoire.

32 — Tenture de baie composée de deux rideaux en velours de lin rouge, molletonnés et doublés de serge de soie ton brique avec passementeries en galon vieil or, et surmontés de draperies rejetées sur un bandeau appliqué de broderies.

33 — Grande pendule Louis XV et son socle de suspension en marqueterie de cuivre et d'écaille, orné de motifs rocaille en bronze doré

PETITE SALLE A MANGER

34 — Garniture de rideaux de croisée en velours rouge de lin avec lambrequin.

35 — Store duchesse en toile de soie crème.

36 — Ameublement de style Henri II en noyer sculpté et ciré, comprenant :

Deux meubles à deux corps avec crédence vitrée et étagères d'angles.

Table avec traverse ornée d'arceaux.

Six chaises à dossier sculpté, à palmettes et serge garnie de velours de lin galonné vieil or.

37 — Tapis en moquette rouge.

38 — Beau service en porcelaine de Saxe composé d'environ 135 pièces : plats, assiettes, légumiers, bouts de table, etc.

39 — Statuettes et figurines en porcelaine de Saxe.

40 — Deux cache-pots en porcelaine de Saxe, décorés de fleurs.

41 — Deux corbeilles ajourées en porcelaine de Saxe à fleurettes en relief.

PREMIER ÉTAGE

BOUDOIR

42 — Tenture murale en satiné saumon, doublée de finette et agrémentée de velours.

43 — Deux rideaux de croisée et deux portières simples en étoffe genre Louis XVI, à fond rose, molletonnés et doublés de satin gaufré avec frange bouclée et embrasses à glands ; les rideaux de fenêtre surmontés d'une galerie gainée en velours.

44 — Store duchesse en toile de soie crème ornée de franges, et rideaux de vitrage en canevas.

45 — Corps de cheminée, gainé en velours, avec cadre de glace de même étoffe.

46 — Fauteuil-corbeille capitonné de même étoffe que les rideaux.

47 — Deux chaises gainées en velours et garnies de même étoffe.

48 — Tapis en moquette rouge.

49 — Meuble de milieu en acajou, orné de moulures de cuivre; le haut formant vitrine et étagère avec galeries superposées, découpées et ornées de balustres.

L'intérieur de la vitrine garni de peluche rose; les panneaux saillants en vernis genre Martin.

50 — Bureau de dame genre Louis XVI, en acajou, orné de moulures de cuivre et surmonté d'un casier à cinq tiroirs avec dessus en brocatelle et galerie de bronze.

51 — Garniture de bureau en porcelaine de Saxe décorée de fleurs.

52 — Suspension en bronze argenté et doré et cristal rose.

53 — Petite pendule Louis XVI en marbre blanc

*

et bronze doré, à colonnettes et ornements de rinceaux.

54 — Deux candélabres de style Louis XVI, en bronze ciselé et doré, à figures d'enfants debout sur fûts cannelés et portant un bouquet à trois lumières.

55 — Vase brûle-parfums Louis XVI, en bronze ciselé et doré, à guirlandes de fruits reliées par un mascaron; socle en marbre blanc orné d'appliques à trophées en bronze.

56 — Groupes et figurines et vases en porcelaine de Saxe.

CHAMBRE INDIENNE

57 — Tenture murale en satin noir, agrémentée de câblé en soie lilas; le plafond plissé en soleil; la voussure en satin noir.

58 — Parement de cheminée garni de satin noir, avec panneaux en velours violet relevés par une passementerie lilas, et encadrement de glace gainé en velours surmonté de draperies de même étoffe.

59 — Draperie de lit en satin de soie noir molletonné et doublé de sicilienne lilas, agré-

menté de franges de soie ; le baldaquin garni d'un panache en plumes d'autruche blanche ; le fond en sicilienne lilas relevé en conque.

60 — Lit garni en satin noir avec rampe en velours de soie orné de câblés et de franges lilas, plus un sommier et la literie.

61 — Jetée de lit en satin noir avec chiffre brodé, encadré d'une fourrure en hermine entrelacée de broderies ; les côtés brodés avec angles en renard blanc.

62 — Deux garnitures de rideaux de croisées en satin noir molletonné, doublés de sicilienne lilas, relevés sur câblé avec chimères et surmontés de draperies.

63 — Deux rideaux de portière simple en satin noir de même étoffe.

64 — Glace avec cadre gainé de velours violet.

65 — Paravent à quatre feuilles en broderie chinoise sur fond noir ; les panneaux encadrés de velours de soie, ornés de passementerie ; le revers en satin noir.

66 — Chaise longue à double oreiller en satin noir et velours violet.

67 — Deux fauteuils de même genre.

68 — Deux chaises de même genre.

69 — Deux petites tables garnies en satin noir et velours violet.

70 — Petite table avec coffret à bijoux de même genre.

71 — Deux chimères porte-lumières en bronze. Style chinois.

72 — Deux lampes à gaz en bronze de même style.

73 — Tapis en fourrure d'ours blanc, garni de faille noir, doublé de satin violet.

74 — Tapis en fourrure de loup noir, garni de faille lilas et doublé en satin violet.

75 — Deux stores duchesse en toile de soie crème avec franges, et deux paires de rideaux de fenêtre en canevas.

76 — Tapis en moquette violet uni.

77 — Très beau miroir de toilette, de style Louis XVI, en bronze ciselé et doré au mat, à figures d'enfants et ornements.

CABINET DE TOILETTE et SALLE DE BAIN

78 — Tenture en andrinople, fixée sur bois de tenture, avec plafonds et couverte d'un canevas à jour.

79 — Rideaux de croisée de même étoffe.

80 — Deux portières simples et une cheminée de même étoffe.

81 — Ustensiles de toilette en écaille blonde.

82 — Grande armoire à trois portes, à glaces, en pitchpin verni, à fronton et à montants cannelés; tiroirs et penderie à l'intérieur garnis d'étoffe.

83 — Grande toilette-lavabo en pitchpin verni, surmontée d'une glace bordée d'étoffe.

84 — Deux garnitures de toilette, en porcelaine blanche, à filet d'or.

85 — Chaise longue garnie, capitonnée en toile à voile et canevas à jour, avec volants, guipure et transparent.

86 — Quatre chaises légères en bambou, garnies de même étoffe.

87 — Toilette duchesse, garnie de faille à jour et agrémentée de passementeries.

88 — Tapis en moquette.

89 — Carpettes orientales, store en faille.

90 — Tenture de salle de bain en natte de Chine, avec baguettes d'encadrement en sapin verni.

DEUXIÈME ÉTAGE

ATELIER et SALLE DE REPOS

91 — Deux grands divans garnis en jute imprimée à dessin oriental, avec câblé.

92 — Divan d'angle de même étoffe, coussins de fantaisie.

93 — Deux fauteuils, coussins garnis de même étoffe.

94 — Beau meuble de style Renaissance, à deux corps, en noyer sculpté, de forme monumentale, à colonnes, fronton, figurines et bas-reliefs à figures mythologiques et allégoriques.

95 — Deux pouffs à doubles coussins en velours.

96 — Orgue d'Alexandre, en chêne sculpté.

97 — Portières de Karamanie.

98 — Tapis en moquette rouge.

99 — Carpettes orientales.

100 — Tenture en velours génois, relevée à l'antique.

101 — Deux fûts gainés en peluche rouge.

102 — Jardinières en cuivre.

SALLE D'ARMES

103 — Tenture en toile martinique.

104 — Banquette et deux chaises-fumeuses et deux chaises légères, garnies de même étoffe.

105 — Armoire normande en chêne sculpté, à ornements Louis XVI, avec pentures en cuivre poli.

106 — Tenture de baie en étoffe de fantaisie, drapée à l'antique.

107 — Panoplie d'armes anciennes provenant du Gabon.

CHAMBRE D'AMIS

108 — Tenture en natte de Chine avec encadrement en bambou.

109 — Armoire à glace, toilette et table de nuit en pitchpin.

110 — Lit en cuivre doré avec sommier et literie.

111 — Garnitures de fenêtre et de lit, plus deux portières en cretonne molletonnée et doublée en andrinople.

112 — Tapis en moquette.

113 — Pendule en bronze vert et bronze doré mat, du temps de l'Empire; sujet composé d'une jeune femme et de deux enfants devant un lit à baldaquin contenant le mouvement.

REZ-DE-CHAUSSÉE

SUR LE JARDIN

SALLE A MANGER

114 — Ameublement en chêne ciré, composé d'un buffet à deux corps, un dressoir, une table carrée à quatre rallonges, deux fauteuils et huit chaises garnis en reps avec bandes de broderies.

115 — Tapis de table en peluche de lin bleue avec frange.

116 — Buffet à deux corps composé d'un bahut ancien en bois sculpté, à portiques et ornements reposant sur quatre pieds à cariatides.

117 — Suspension à gaz en cuivre.

118 — Tapis en moquette.

119 — Faïences anciennes et modernes.

120 — Plats, assiettes, porcelaines de Saxe, de Chine et du Japon.

121 — Potiches en ancienne faïence de Delft.

122 — Service de chez Christofle, dans sa gaine.

CUISINE

Vaisselle.
Verrerie de Baccarat.
Batterie de cuisine en cuivre.
Plaqué.
Meubles de cuisine.

TROISIÈME ÉTAGE

Chambres de domestiques.
Literie.
Meubles courants.

TABLEAUX

AQUARELLES & DESSINS

123 — Brown (J. L.). Promenade en voiture sur la plage.

124 — Boucher (Attribué à). Le Sommeil de Vénus. Charmante composition.

125 — Boucher (Attribué à). Nymphe et Amour.

126 — Boucher (École de). Le Galant Berger.

127 — Belloto. Les Lagunes à Venise. Deux pendants.

128 — Boulanger. Arabe à cheval. Dessin à la sanguine.

129 — Charlemont. Cavalier Louis XIII. Dessin à la plume.

130 — Chartran. Le Génie des Arts. Pastel.

131 — Charlet. Dessin à la sépia.

132 — Claude (Max). Amazone au bord de la mer. Aquarelle.

133 — Coypel. Vénus et l'Amour. Dessin à la sanguine.

134 — Dagnan. Sur le quai Malaquais. Dessin à l'encre de Chine.

135 — Detaille (Ed.) Général du premier Empire, à cheval. Aquarelle.

136 — Drouais (Attribué à). Offrande à l'Amour.

137 — Dupré (Victor). Chaumières normandes.

138 — Fragonard (Attribué à). Baigneuse et Amour.

139 — Hernandez. L'Enfant à l'écureuil.

140 — Hernandez. Jeune Dame feuilletant un album.

141 — Lefebvre (Jules). Tête de jeune fille.

142 — Leloir (Louis). Mélicerte. Dessin provenant de la vente de Louis Leloir.

143 — Legrand (René). De garde! Aquarelle.

144 — Leprince (J. B.). La Leçon de flageolet. Toile décorative.

145 — Lemoine. Nymphe surprise par un satyre.

146 — Lemoine (Attribué à). Diane et Apollon.

147 — Neuville (De). Volontaires garibaldiens. Dessin sur bois.

148 — Ormans. Vache dans un pré.

149 — Rousseau (Ph.). Intérieur de cuisine.

150 — Rousseau (Ph.). Tête de chienne.

151 — Steenwick (H. 1661). Nature morte.

152 — Ziem. Glacier dans les Alpes. Aquarelle.

153 — Inconnu. Un Pape. Dessin à la mine de plomb, provenant de la vente L. Leloir.

154 — École française. La Mort d'Adonis.

155 — École française. Portrait de femme en Diane chasseresse. Pastel.

Bronzes d'art et Sculptures

156 — Barye. Tigre et Zibeth. Bronze à patine médaille.

157 — Bulio. Flûteur. Statuette bronze.

158 — Carrier-Belleuse. Le Printemps. Buste en marbre.

159 — Claude. Sérénade. Statuette bronze.

160 — Clodion (D'après). Triomphe de Bacchus. Groupe bronze.

161 — Delavigne. L'Enfant au baiser. Statuette bronze.

162 — Dubois (D'après). Chanteur florentin. Terre cuite.

163 — Dumaige. Le Soir. Groupe bronze.

164 — D'Épinay. Deux statuettes : Femmes couchées. Terres cuites originales.

165 — Gillemin. Muscadin et Incroyable. Statuettes bronze.

166 — GRÉGOIRE. Les Flûteurs. Bronze.

167 — JULIEN (D'après). Chèvre Amalthée. Statuette bronze.

168 — MOREAU (A.). Ondine. Groupe bronze.

169 — MOREAU. Cybèle et Amphitrite. Groupe bronze.

170 — SAINT-MARCEAUX (D'après). Arlequin. Terre cuite.

171 — RAPHAEL. Pour l'Honneur et pour le Roi. Deux statuettes bronze.

172 — Le Mendiant. Groupe en bronze.

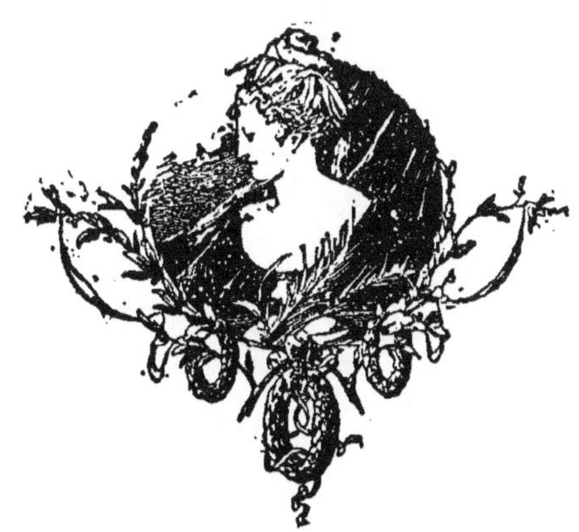

www.ingramcontent.com/pod-product-compliance
Lightning Source LLC
LaVergne TN
LVHW010253230826
846091LV00007B/2947

* 9 7 8 2 3 2 9 5 2 7 2 2 2 *